LE RETOUR
DE LA VÉRITÉ
EN FRANCE.

Je ne reconnaîtrai pour authentiques que les exemplaires qui porteront ma signature, et je poursuivrai les contrefacteurs.

A. Eymery

DE L'IMPRIMERIE DE J.-B. IMBERT.

LE RETOUR
DE LA VÉRITÉ

EN FRANCE,

Par le chevalier GARNIER (de Saintes),
ancien Législateur et président de Cour criminelle.

PARIS,
Chez ALEXIS EYMERY, libraire, rue
Mazarine, n°. 30.
1815.

LE RETOUR
DE LA VÉRITÉ
EN FRANCE.

En parcourant le Luxembourg j'aperçus un groupe nombreux dans une des allées latérales. On y parlait avec chaleur de notre situation politique, de l'orage qui grondait sur nos têtes. Je m'approche, et un individu élevant la voix, dit :

« Messieurs, nous pérorons depuis long-temps sans nous entendre, et le résultat de ces sortes de dialogues est de laisser chacun avec ses opinions.

» Plaçons-nous sur deux lignes : les royalistes d'un côté, les napoléonistes de l'autre;

expliquons-nous de bonne foi, et prenons notre parti de même. »

Cet avis applaudi fut adopté ; un orateur fut choisi de part et d'autre ; celui des royalistes s'exprime en ces termes :

« Messieurs, nous tenons au trône des Bourbons, parce que son antiquité nous le rend respectable, parce que c'est à cette dynastie que nous devons Henri IV et Louis XIV ; parce qu'elle a reçu sa puissance de Dieu, qui lui avait rendu un trône ébranlé par les factions. Elle le perd encore, il est vrai ; mais cet interrègne ne saurait être de durée. Toute l'Europe est levée pour venger la majesté des rois outragée ; c'est pour restituer le trône aux Bourbons que nous allons nous serrer autour d'eux.

» Ils ont régné pendant onze mois, et pendant onze mois nous avons joui des bienfaits de la paix. Nos enfans ont été arrachés à la griffe dévorante de la conscription ; nous vivions en bonne intelligence avec toutes les puissances ; le commerce, qui répandait sur nous sa féconde abondance, fuit de nouveau sur les bords fortunés de la Tamise.

» Sous Napoléon nous ne connaissions que la guerre; une levée faite, il en fallait une autre; ses flatteurs étaient là qui accroissaient chaque fois le tableau de ses ressources; la plus belle population était engloutie; nous étions accablés par des taxes énormes; les préfets les asseyaient de la manière la plus arbitraire, et s'aliénaient de plus en plus une confiance que le plus grand nombre n'avait pas su gagner.

» Nous ne pouvons nous soumettre à un guerrier dont le caractère actif et entreprenant nous est connu; qui n'a vu que lui dans la France, qui ne verra que lui encore; qui a communiqué à toutes les âmes cet esprit d'audace et de fierté dont l'Europe entière a ressenti les funestes effets.

» Il ne peut exister de trône sans splendeur. C'est la noblesse qui en soutient l'éclat et en affermit les bases par son épée ; cependant Napoléon vient de détruire la noblesse. En prenant ainsi le mérite dans toutes les classes, il cherche à prouver que le peuple est d'une nature supérieure à la nôtre, et il brise ainsi les liens antiques de l'obéissance et de la subordination.

» Nous n'adopterons jamais un gouvernement qui ne veut ni ordres, ni castes, ni priviléges ; nous devons tout faire pour recouvrer la féodalité, la royauté absolue, et toutes les institutions de nos pères.

» Heureux dans son audace, Napoléon est tout aussi dangereux pour nous dans ses choix. Son ministère a jeté l'alarme dans nos rangs, il vaut à l'Empereur une armée dans l'opinion.

» Malheureusement les Bourbons n'ont pas agi avec la même politique ; ils ont méconnu leur situation ; ils ont foulé aux pieds leur propre charte, qui servait de garantie à la tranquillité publique. Il ont voulu renverser trop brusquement des idées et des droits consacrés par vingt-cinq ans de publication et de jouissances.

» Le roi, plus adroit, avait pris une meilleure marche. Il minait tout lentement en promettant de tout maintenir. Les émigrés, les prêtres seraient successivement et avec le temps rentrés dans leurs propriétés ; tout nous aurait été rendu, même les Jésuites, et l'inquisition avec eux.

» Mais les émigrés, impatients de jouir, mais les princes, brusques dans leur orgueil vindicatif, ont tout perdu par leur marche précipitée.

» La nation a vu où on la conduisait. Le nom des Bourbons a jeté l'alarme jusque dans les campagnes; les princes en se promenant de département en département, ont achevé de fixer l'opinion sur leur compte; et à leur retour, il faudra bien des protestations et bien de la sagesse pour ramener le peuple au point où nous voulions le placer; car enfin, il faut dire toute sa pensée.

» Où nous ont conduit toutes ces idées libérales qu'on professe avec tant d'emphase depuis vingt-cinq ans ? elles ne conviennent point aux hommes réunis en société. L'obéissance est un besoin absolu, si l'on veut que la tranquillité soit une jouissance habituelle. La liberté est un être de raison ; la philosophie rend les citoyens insoumis et turbulens. On ne saurait donc trop décrier les philosophes ; c'est moins de la vertu qu'il faut aux hommes que de la soumission. Il ne faut un pouvoir libre et indépendant que dans celui qui commande.

» Les Bourbons ont peu de moyens, j'en conviens ; leurs courses les ont trop mis à nu ; mais il vaut mieux être faiblement gouverné, que de l'être par l'empire des principes.

» Les Bourbons ont succombé ; et si les puissances étaient assez faibles pour ne pas les seconder, cette chute pourrait être sans remède. Je crains l'esprit de démagogie qui tourmente le peuple Français ; s'il était malheureusement guidé par des hommes qui eussent sa confiance, il redeviendrait la nation de 92, il rendrait encore ses guerres nationales et toutes les résistances du dehors impuissantes. Alors, il faudrait bien abandonner ceux que nous ne pourrions plus défendre. »

L'orateur du second rang a pris la parole ensuite, et a dit : « Les rois règnent par les peuples, et les peuples ne sont point leur propriété. La nation autrefois les élevait sur le bouclier, et leur transférait le droit de la gouverner.

» Le principe conservateur de l'hérédité n'a point détruit ce droit imprescriptible des peuples.

» Ce n'est point par l'antiquité d'une dynastie, mais par les vertus des rois, qu'on respecte la royauté.

» Depuis Louis XIV, qui couvrit la France de deuil, et transféra notre industrie et nos arts chez Carthage la moderne; jusqu'à Louis XVI, qui, roi constitutionnel, aima mieux fuir que de ne pas disposer de nous selon son plaisir, nous n'avons connu que le poids du joug féodal et de la tyrannie nobilière et sacerdotale; ces deux castes n'ont pu se plier aux lumières de leur siècle, et reconnaître dans le mérite et les talens l'équivalent de la naissance et des préjugés.

» Qu'ont-ils fait ces nobles et ces émigrés pour l'affermissement et le soutien de leur vieux trône, miné par la force de la morale publique et des lumières? Au lieu de le défendre, ils on fui au-dehors pour sacrifier leur prince au-dedans.

» Ils ont depuis recouvré ce trône, objet de leur amour; qu'ont-ils fait pour le conserver? en est-il un qui l'ait soutenu de son épée? en compte-t-on un seul qui soit mort pour cette cause si précieuse à leurs yeux? Lors de la fuite de Louis XVIII, ils ont tous fui plus rapidement que lui.

» Pourquoi demandent-ils encore avec tant d'instance un trône qu'ils ne sauraient pas mieux affermir? Qu'ils sachent que ce n'est ni dans le prestige de la naissance, ni dans la faveur des priviléges, que réside la solidité de la monarchie, mais dans la force de l'âme, dans le dévouement de ses facultés et la dignité de sa personne. Voilà la vraie noblesse qui entoure le trône de Napoléon. La lutte ne saurait donc être égale quand les moyens ne le sont pas.

» On reproche à Napoléon son amour pour la guerre; mais il a trouvé sa nation les armes à la main, luttant elle-même contre toute l'Europe, et c'est à elle qu'il a dû l'élan militaire qu'elle lui a transmis.

» Ses recrutemens se sont faits par une institution émanée du peuple lui-même. Napoléon n'a point créé la conscription; il l'a trouvée en vigueur, et il s'en est servi contre les ennemis de sa patrie.

» La révolution et ses malheurs appartiennent aux déprédations des Bourbons, à leur orgueil, à l'ineptie de leurs ministres en révolte contre les lumières d'un peuple qui calculait sa grandeur.

» Ils ont voulu nous concentrer dans notre ancienne ignorance. Vains efforts !.... Les progrès de la civilisation ne rétrogradent point. C'est un blasphême du despotisme que de se déchaîner contre les lumières; elles sont nécessaires pour les peuples, favorables aux rois. Les peuples instruits connaissent mieux leurs devoirs, et les respectent davantage. L'ignorance, quand elle n'est pas factieuse, est toujours prête à le devenir. Les rois qui commandent à des citoyens sont sûrs de leur puissance, car l'homme libre est toujours prêt à défendre ce qu'il révère.

» La révolution est donc née de la résistance apportée à une liberté que la politique commandait de diriger sagement. Fiers de leur dignité, les Français ont voulu être hommes, et leurs maîtres ont cessé de l'être en leur résistant.

» Ce changement d'état a amené, je l'avoue, de grands malheurs, mais ils ont été l'œuvre de ceux qui, soulevés contre la patrie, ont été lui susciter des ennemis chez toutes les puissances.

» Que les royalistes soient de bonne foi, et ils conviendront qu'ils sont plus jaloux de la gloire de Napoléon, né dans leurs rangs, qu'amoureux des Bourbons, qui viennent de nous prouver qu'ils ne l'étaient guère de nous ; et si leurs partisans ne peuvent rien pour eux, qu'ils se rallient au moins à la patrie, qui doit être notre idole.

» Bonaparte paraissant parmi nous n'a-t-il pas éteint toutes les dissensions civiles, rétabli les autels, et maintenu la gloire d'un nom déjà respecté ?

» Il a trop agrandi notre territoire, je l'avoue ; il s'est plus occupé de sa renommée que de notre prospérité ; mais les torts n'étaient pas tous à lui.

» Occupé de la chute de ce colosse de puissance qui imposait ses lois à tous les pavillons, il ne voyait que la politique de l'Angleterre plus ambitieuse que la sienne.

» Les flatteurs l'abusaient sur la situation de la France, et il ne pouvait se résoudre à se départir du plan qui l'éblouissait ; mais ce plan, trop vaste contre toutes les résistances, a fini par l'envelopper.

» Quelques voix ont appelé les Bourbons.

La lassitude et le mal-aise leur ont valu leur rentrée sur le sol français.

» Leur long exil et des malheurs réels nous les ont-ils ramenés plus sages ?

» A peine assis au palais des Tuileries, ils se sont regardés comme les vrais héritiers d'Henri IV, sans s'occuper de faire reconnaître par le peuple un titre que le peuple réuni dans ses assemblées leur avait enlevé.

» Ils ont daté le premier jour de leur mise en fonctions de la 19me année de leur règne, sans penser qu'ils s'appropriaient tous nos triomphes, qu'ils insultaient à toutes les puissances qui nous avaient reconnus comme république, qui s'étaient honorées de traiter avec le monarque de notre choix, et avaient respecté ses trophées.

» Les représentans de la nation ont offert aux Bourbons une charte en vertu de laquelle ils devaient régner, à la charge de l'approbation du peuple ; et leur orgueil l'a dédaigneusement repoussée. Ils ont méprisé les Français au point de leur en fabriquer une à leur manière, mais sans cachet de légalité, sans discussions dans les deux chambres, sans l'intervention de cette nation puissante qui seule pouvait affermir leur trône en la sanctionnant. Dans leur puissance éphémère ils ont refusé de la reconnaître ; elle a refusé de les entendre dans leur péril imminent.

» Les ministres et les journalistes étaient chargés d'attaquer, pièce par pièce, cette ridicule constitution, qui n'avait que l'empreinte d'une ordonnance royale. Les honneurs et les dignités étaient distribués à pleines mains à ceux qui portaient les coups les plus directs à ce frêle édifice.

» On donnait la noblesse, de l'or, des décorations à ces hommes affreux qui avaient égorgé leurs concitoyens par milliers dans la Vendée.

» Les Bourbons nous ramenaient les mêmes calamités qui nous avaient forcés de les chasser. Ils exploitaient la France comme une métairie. Ils faisaient des promesses le matin pour les violer le soir. On donnait des indemnités aux nobles, on suspendait l'exercice de la justice en leur faveur, on leur distribuait toutes les places, qu'on enlevait à d'anciens et respectables serviteurs; et peu satisfaits ils voulaient encore le retour de toutes les institutions oppressives, de la féodalité, des rentes nobles, et la remise des biens nationaux perdus par leur félonie.

» Les campagnes indignées observaient cette marche rapide vers l'ancien asservissement, et elles ont vu avec enthousiasme le retour de Napoléon, rappelé par les vœux du peuple et de l'armée; elles l'ont entouré comme un libérateur.

» Quel beau jour, quelle belle leçon pour l'avenir! Louis, plus rusé que sa famille, avait eu l'adresse de faire ajourner après sa mort le retour des droits féodaux, des dîmes, et des biens aliénés; mais la nation, qu'on ne peut plus tromper, qui est toute liée au système régénérateur qu'on voulait détruire, se disposait en silence au combat, et son réveil eut été terrible.

» Les Bourbons étaient aussi loin de nos mœurs et de nos principes qu'ils sont loin de nos cœurs.

» Ils avaient promis l'abolition des droits féodaux ; et cet odieux impôt a été conservé dans toute son aspérité. La conscription devait être supprimée ; et on licenciait cette armée victorieuse qui seule faisait la force du trône, pour enlever dans leurs asiles des conscrits qu'on trouvait enchaînés deux à deux sur toutes les routes.

» Napoléon n'a rien promis ; et ce que les droits réunis avaient d'odieux est aboli ; et la conscription ne pèse plus sur la France. Il recrutera l'armée par le mode que la nation elle-même établira.

» Les Bourbons avaient promis de ne régner que pour nous ; et nos fortunes étaient dévorées par eux et les leurs. Sous prétexte de payer les dettes de leur exil, ils ont fait passer de nombreux millions en Angleterre. On était en paix, et nos impositions étaient plus fortes que sous Napoléon, lorsqu'il était en guerre ; et l'on exigeait l'impôt jour par jour ; et les garnisaires, à poste fixe chez les contribuables, doublaient l'impôt par les frais qu'ils entraînaient. La dette publique devait être payée, et pas un fournisseur, pas un entrepreneur n'a reçu une obole de son arriéré.

» Ces mêmes Bourbons en partant ont pillé toutes les caisses, emporté les deniers de l'Etat, et jusqu'aux diamans de la nation, propriété de la couronne et non d'une tête couronnée.

» Ils nous ont légué dans leur fuite l'affreuse guerre civile : ils ont tout fait pour l'attiser aux quatre coins de la France ; mais leurs efforts ont été impuissans : tous les cœurs étaient morts pour eux.

» Ils avaient créé deux noblesses, pour combattre celle de l'honneur par celle de la naissance ; deux décorations, pour que celle obtenue dans les garnisons pût avilir celle acquise par les services publics ou les actions d'éclat. Ainsi deux germes de guerre intestine fermentaient dans le sein de ce gouvernement fallacieux.

» Eh voilà la famille que d'imprudens royalistes regrettent, et qu'ils appellent de nouveau pour lui fournir des alimens à de nouvelles vengeances !

» Est-ce ainsi que s'est conduit Napoléon se retirant à l'île d'Elbe ? Que l'on compare et qu'on juge.

» Oui, nous l'avons accueilli de nouveau, parce que le malheur lui a dessillé les yeux, parce que la calomnie et la lâcheté l'ont rendu plus intéressant à force de diffamations; parce que son génie lui reste, mais plus éclairé; parce que sa présence a fait reverdir nos lauriers, et que son nom nous a tirés de l'ignominie où nous avaient jetés les Bourbons, dont le premier acte déshonorant pour la nation a été l'abandon d'une partie de la France acquise par vingt-cinq années de victoires.

» C'est donc autour de Napoléon que la France entière doit sentir le besoin de se rallier. Ceux qui formeraient le vœu impie du retour des Bourbons appelleraient toutes les calamités de la guerre civile sur leur patrie. C'est Napoléon qui doit défendre notre gloire : c'est lui qui doit maintenir nos principes libéraux et utiliser ving-cinq années de sacrifices consacrées à notre liberté. »

On parlait encore lorsque trois coups de tonnerre sont partis d'un nuage radieux suspendu sur nos têtes. Nous en vîmes descendre une femme belle quoique âgée. Son regard sérieux n'avait rien que de rassurant. Elle nous aborde sans préambule, et nous dit :

« Français, je viens d'entendre votre conversation, et je vais y prendre part. Vous ne me connaissez pas, et je n'ai point lieu de m'en étonner. J'ai disparu de vos murs depuis que vous avez perdu le brave Henri IV et son digne Sully. Sortie de la retraite qui, depuis la durée des siècles, a été et doit être encore malheureusement pour les hommes mon séjour habituel, je suis la Vérité. Je n'ai que quelques heures à rester parmi vous. L'air que je respire ici fatigue déjà ma voix.

» Ecoutez-la, et que ceux qui vont l'entendre la retiennent, ou plutôt en profitent.

» Vous venez de chaque côté de parler dans le sens qui vous affecte, et de faire l'éloge du système et des hommes que vous adoptez. C'est ainsi que la prévention ne voit les objets que sous l'aspect qui la flatte.

» Ecoutez ma voix un moment. Je dois dire ce qui est bien, sans doute ; mais je ne puis taire ce qui est mal.

» De tous les gouvernemens le préférable est le gouvernement monarchique, et les peuples sont presque toujours malheureux avec lui. A qui en imputer la cause ? Autant à ceux qui sont gouvernés qu'à ceux qui gouvernent.

» Depuis vingt-cinq ans vous comptez cinq constitutions : une sixième va paraître. Se conservera-t-elle plus long-temps ? Français, c'est à votre volonté fortement prononcée, à vos choix sagement faits que sa durée doit être confiée. Une grande partie de vos malheurs a été votre ouvrage.

» Bannissez à l'avenir de vos élections les passions et l'esprit de parti. Choisissez des hommes sûrs, dont les mains soient pures, amis de leur pays et de la paix publique.

» Qu'un prince songe ensuite qu'il n'est plus roi lorsqu'il viole le pacte saint qu'il a juré de maintenir, et que son trône n'a plus de base.

» Ce pacte une fois sanctionné doit être pour le peuple et pour lui l'arche sacrée.

» Examinons maintenant qui des Bourbons ou des Napoléons sont les plus dignes de la garde du dépôt de vos constitutions.

» Les uns et les autres les ont méconnues, et les uns et les autres en ont été la victime.

» Les Bourbons ont justement mérité leur chute, car depuis Henri IV, pas un roi de cette dynastie n'a régné pour ses sujets.

» Ils venaient de ressaisir leur couronne, et ils ont méconnu le peuple qui les donne et qui les enlève. Ils la perdent de nouveau, et ils la perdent sans retour. Ils n'avaient aucunes des qualités qui pussent les maintenir sur un trône que la fermeté même n'aurait jamais consolidé sans la politique. Le malheur ne leur a point servi de maître ; leurs partisans étaient leurs plus funestes ennemis. Ils leur ont persuadé qu'ils rentraient dans l'héritage de leurs pères, comme si un trône était une propriété individuelle. Ils se sont dits rois de France, se persuadant qu'ils commandaient encore aux hommes de la glèbe; et on ne leur disait pas que depuis vingt-cinq ans les Français étaient un peuple roi, qui veut être gouverné, mais non pas opprimé ; et on ne leur disait pas que chez des nations libres, la rouille du despotisme dévore les bayonnettes, et que l'amour seul fait la force des trônes.

» L'imprévoyance n'a pas permis aux Bourbons de profiter de cette vérité. Ils sont entrés dans la France le cœur ulcéré et gros de vengeances. Ils n'ont eu nulle idée de leur siècle, et moins encore de l'esprit de leur nation. Ils ont voulu tout ramener vers les anciennes institutions, et les nouvelles les ont renversés.

» Quand on veut régner après de longs orages, il faut être régénéré comme la nation qu'on vient commander; on est un roi nouveau, c'est à un nouveau peuple qu'on s'associe. Il faut prendre le mérite où il est; il faut surtout oublier ses vieilles habitudes, ses vieilles liaisons, ses vieux systèmes : on change de maximes, et on retrempe tout à neuf. Les Bourbons n'ont rien fait de tout cela.

» Auraient-ils plus de sagesse s'ils reprenaient aujourd'hui les rênes de l'Etat? Non. Je le dis à regret, mais je dois désabuser leurs partisans. Qu'attendre de ces hommes qui n'ont ni la loyauté de François Ier., ni la franchise d'Henri IV, ni la noblesse de Louis XIV; qui, étroits d'idées comme de sentimens, n'ont nul ressort dans l'imagination, nulle magnanimité dans le cœur, nul courage dans l'âme? Il faut de grandes qualités aux rois pour trouver de grands hommes autour d'eux. Achille eut son Patrocle, Henri son Sully, Napoléon a son Bertrand; mais tout est vide autour des hommes nuls.

» N'attendez rien de cette famille exaspérée, que le poids du plus dur esclavage ; il n'y a plus de composition avec elle, l'orgueil humilié est implacable. Abandonnée du peuple et de l'armée, elle ne peut aimer ni l'armée ni le peuple ; c'est votre liberté tout entière qu'elle vous ravira pour n'avoir plus à la craindre. Au régime de la féodalité, au poids de vos contributions, elle réunira l'établissement des dîmes, des cens, des terrages, des rentes nobles ; et pour surcroît de malheur, le paiement des arrérages de vos domaines nationaux, domaines qu'il faudra restituer en outre.

» Voilà votre destinée, Français : c'est la vérité qui vous l'annonce sans déguisement : esclaves, vous traînerez les chars de ces nobles orgueilleux qui avaient déjà distribué entr'eux vos personnes, vos enfans et vos biens.

» Votre sort doit-il être plus heureux sous Napoléon ? Qu'on n'attende pas que je déguise ma pensée.

» Il a été à la tête du plus grand empire; il a vu l'univers s'incliner devant lui : l'éclat de ses succès a égaré le sentiment de sa conscience ; ivre de gloire, il ne voyait son peuple que dans les camps ; les chants de la victoire étouffaient les cris de la misère, ils ne pouvaient arriver jusqu'à lui ; les maux étaient réels, et son cœur les ignorait.

» Enfin le malheur a déchiré le voile que l'adulation étendait sur ses yeux ; il a vu le précipice, mais il l'a vu trop tard ; cependant les revers ont retrempé son âme : il est revenu au milieu de sa nation, digne d'elle et de lui ; il souffre qu'on lui dise la vérité, mais je ne peux encore arriver jusqu'à lui : faites-lui donc parvenir ce que vous entendez.

» Dans sa prospérité il avait enchaîné la liberté de la pensée ; les Bourbons ont voulu l'imiter ; plus faibles ils sont tombés plus rapidement.

» Non, la pensée ne reçoit point de fers chez un peuple libre ; son émission, si elle est nuisible, est soumise à l'empire des lois répressives ; mais de sa nature elle est indépendante comme l'air, les efforts du pouvoir ont toujours été impuissans pour la comprimer, elle rompt ses liens tôt ou tard, et brise la main imprudente qui les a formés.

» Les Français demandent à être heureux, ils n'ont plus besoin que de bonheur, et c'est de Napoléon qu'ils veulent le tenir. Pour son malheur et celui de tous, il eut une volonté trop absolue, il ne voulut souffrir ni la résistance ni la contradiction, et les flatteurs prirent la place de ses amis.

» Nul cependant n'est plus grand dans ses conceptions, plus hardi dans ses mesures, plus sûr dans leur exécution, et ces grandes qualités ont souvent égaré son cœur, parce qu'il n'a pas assez entendu la voix courageuse de l'amitié. Empereur constitutionnel, je vois Napoléon idolâtré, fort de toute la force nationale. Empereur de 1813 il ne serait plus à vos yeux qu'un empereur romain entouré de ses gardes prétoriennes. »

A ces mots la Vérité vit les deux groupes se resserrer et se confondre, en couvrant sa pensée d'applaudissemens. Elle continua ainsi :

« Napoléon a des idées fortes en administration, mais elles ont quelquefois manqué leur objet : il est des conceptions qu'il faut envisager sous leurs faces diverses.

» Des fautes faites autrefois se répètent encore aujourd'hui. Le besoin de réorganiser a fait faire des choix précipités dont l'opinion indique déjà le redressement.

» Quand la France aujourd'hui ne peut être forte que de ses moyens ; quand un système d'unité doit étroitement resserrer toutes les parties de l'administration, on cesserait d'être en mesure si l'égoïsme influant introduisait parmi nous le honteux népotisme, digne enfant de la papauté.

» On a tendu un piége dangereux à Napoléon. La malveillance en élevant la voix aussi haut que le royalisme a crié à la démagogie et au républicanisme. La crainte a fait taire la raison, et on enlève chaque jour à l'Etat des amis sûrs, des hommes dévoués.

» Quelques démagogues, s'il en existe, ne sont plus redoutables en France. Ou ils l'ont été de bonne foi, et ces hommes, désabusés par l'expérience, sont les plus fermes appuis de la monarchie représentative ; ou s'ils persévèrent encore dans leurs principes, ils sont dans un tel état d'isolement et d'abandon, qu'ils sont plus à plaindre qu'à redouter.

» L'homme qui conserve encore des idées saines et judicieuses de la révolution doit se ressouvenir que les oscillations de sa marche ne sont point l'ouvrage de ceux qui étaient employés à la manœuvre du vaisseau. Les vents qui agitaient les voiles et les cordages venaient des régions glacées du nord, séjour continuel des orages et des tempêtes ; c'est de là qu'elles grondent encore dans le lointain : si vous n'avez poin[t] de pilotes fermes et aguerris craignez l[e] naufrage.

» Le temps et l'expérience ont mûri le[s] idées ; l'énergie des hommes qui ont serv[i] la patrie existe encore, mais sage, pure[,] éclairée par le malheur.

» Qu'on se garde de repousser du vaissea[u] de l'Etat des hommes fermes, des individu[s] courageux, des citoyens qui tiennent à Napoléon par la vérité des principes, et par le plu[s] fort des mobiles, l'intérêt personnel.

» Il sait que son armée ne peut se recruter que par l'opinion ; et dans les départemens on voit encore parmi les chefs supérieurs de l'administration des jeunes gen[s] que repousse partout l'amour-propre humilié de l'homme mûr, du vieillard respectable ; ils ont du dévouement à la personn[e] du prince, mais cette qualité seule suffit-elle ? portent-ils avec eux ces traits imposans, ces services connus, cette expérience acquise, qui entraînent les cœurs et fixent la confiance : il faut connaître les hommes pour diriger les hommes.

» Le salut de la patrie aujourd'hui demande des agens éprouvés par d'anciens services, dont le caractère soit ferme, dont les intentions soient droites ; des fonctionnaires qui puissent agir, parler, remuer les âmes, et fortifier les esprits contre les sourdes menées qui pervertissent l'opinion.

» Il n'y a plus de nuances et de couleurs parmi les hommes qui ont servi la patrie. La seule bannière est celle du prince que vous venez de rappeler. La seule religion politique est celle qui garantit votre indépendance. Qu'on repousse ces funestes distinctions produites autrefois par des âmes timides, par des caractères sans force, par des physionomies blafardes qui avaient peur de voir dans des glaces d'autres figures que les leurs.

» La crainte ne s'asseoit point à côté du génie. Il sait réunir tous les bras, utiliser toutes les opinions.

» Quand le capitaine marche d'un pas ferme, toute sa troupe marche d'à-plomb.

» On craint les idées belliqueuses de Napoléon ; les puissances étrangères doivent les redouter plus que vous, si elles osent l'attaquer. Quant à lui il doit songer qu'il n'a plus besoin de victoires. La conquête de son empire, sans autre appui que son génie et l'amour du peuple, a couvert pour lui tous les genres de gloire.

» De nouvelles victoires, si elles n'étaient pas le fruit de la défense, ne pourraient qu'affaiblir ses triomphes passés.

» Vous vous alarmez sur une nouvelle confédération des rois ; resserrez-vous, et leurs intérêts divisés ne les rendent plus redoutables.

» Dès que Napoléon vous aura donné une constitution libérale et digne de vos belles destinées; dès qu'il en aura juré le maintien dans vos mains, vos intérêts seront les mêmes, et sa cause ne sera plus que la vôtre.

» Eh ! de quel droit des peuples que vous laissez libres de se gouverner à leur gré viendraient-ils vous donner des chefs que vous avez repoussés deux fois ? Votre union a déjà fait pâlir les rois.

« Où tendrait d'ailleurs ce nouvel ébranlement de l'Europe, qui ne pourrait que compromettre des droits qu'on ne conteste à aucune puissance? La nation de 92 existe encore, et plus redoutable ; car il vous reste les nobles souvenirs de votre gloire récente.

» Si l'on vous force dans vos lignes, vous vous inonderez comme ces fleuves majestueux qui renversent tout dans leur marche, et s'approprient les terrains qu'ils ont abandonnés.

» Jemmappes, Fleurus, Marengo, Austerlitz vous provoquent à de nouveaux triomphes : vous songerez à vos aigles planant sur les tours de Vienne, de Berlin et de Moscou. On n'avilit point la fierté d'un grand peuple qui a vécu vingt-cinq ans de victoires.

» Et vous, Parisiens qui m'écoutez; vous qui fûtes épargnés à regret; vous dont la cité devient aujourd'hui l'objet de la convoitise de ces hommes sauvages qui regrettent d'avoir respecté tant de richesses, songez à la destinée qu'ils vous préparent. L'amour du pillage chez les uns, la soif de la vengeance chez les autres, vous présagent le sort de l'antique Babylone. Esclaves sous les rois, soyez libre sous Napoléon.

» Et toi, qui vas gouverner une seconde fois la plus grande des nations, ressouviens-toi de ton île, elle ne sera pas la moins brillante époque de ta vie. Ressouviens-toi de ce peuple qui t'a reçu partout en libérateur; crains les flatteurs qui t'égarent; sers de modèle à ton fils; transmets lui, avec ton nom, les vertus qui font les grands rois; c'est alors que tu seras digne du grand peuple qui vient de te replacer à sa tête.

» Français, ajouta la Vérité, quand j'aurai lu votre nouvelle constitution, quand j'en aurai vu marcher les rouages et les agens, je vous dirai si je puis prolonger mon séjour au milieu de vous. »

Alors elle cessa de parler, et disparut.

FIN.

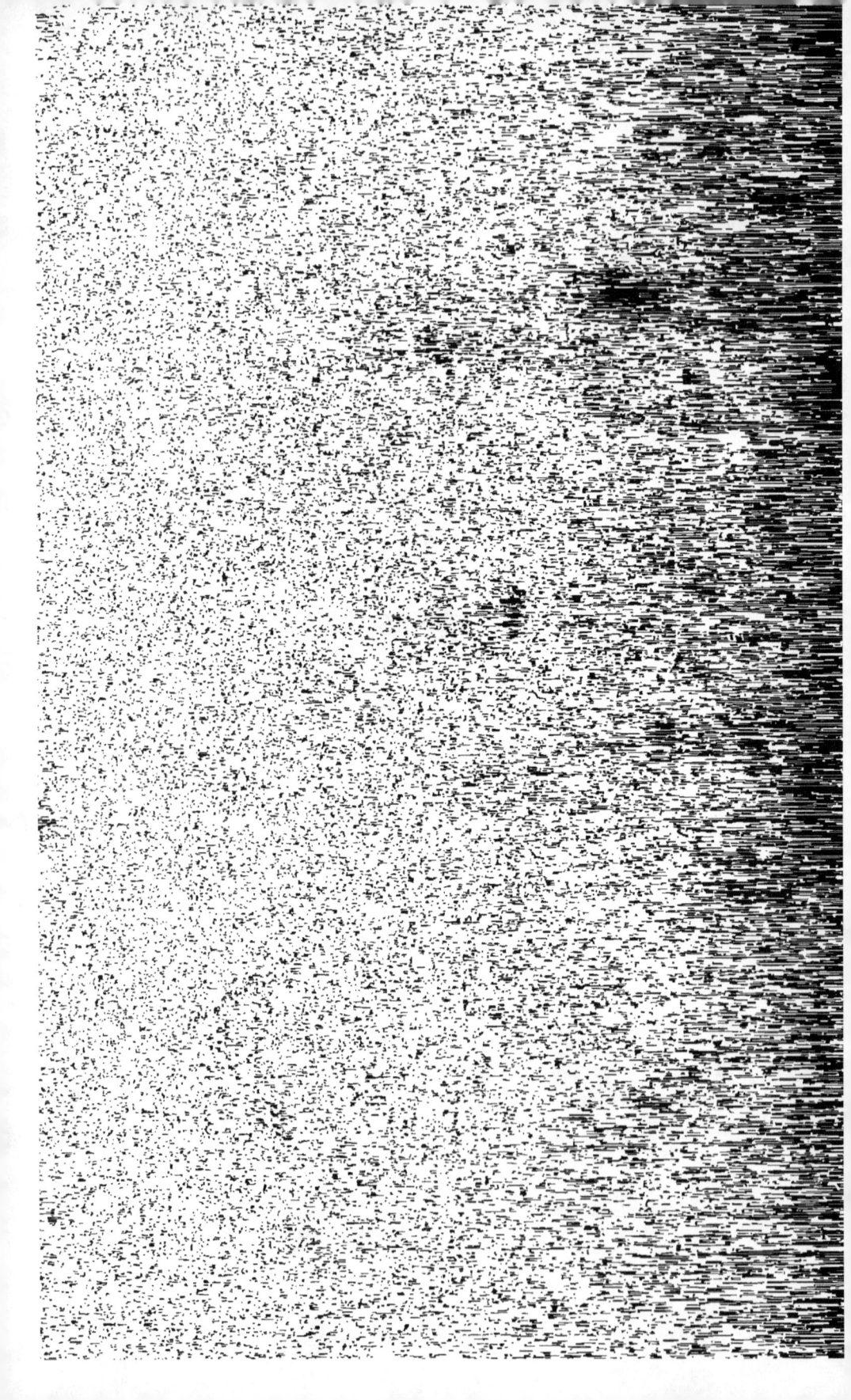

www.ingramcontent.com/pod-product-compliance
Lightning Source LLC
Chambersburg PA
CBHW060504050426
42451CB00009B/807